VILLANCICOS

VILLANCICOS

[Antología]

Edición de *José Julio Cabanillas y José Mateos*
Prólogo de José Julio Cabanillas

RENACIMIENTO
SEVILLA ● MMXXIV

El editor hace constar que se han realizado todos los esfuerzos por contactar con los propietarios de los copyrights de los textos incluidos en este libro. Con todo, si no se ha conseguido la autorización, el editor ruega que le sea comunicado.

www.editorialrenacimiento.com

POLÍGONO NAVE EXPO, 17 • 41907 VALENCINA DE LA CONCEPCIÓN (SEVILLA)

tel.: (+34) 955998232 • editorial@editorialrenacimiento.com

Diseño de cubierta: Marie-Christine del Castillo

DEPÓSITO LEGAL: SE 2639-2024 • ISBN: 979-13-87552-14-5
Impreso en España • Printed in Spain

FE DE VIDA

A CASO la invención de la melodía sea el gran hallaz-
go de la humanidad. Si a ello añadimos el uso de
las palabras y de nuestra capacidad simbólica, tendremos
el trípode que sustenta la condición humana. La arqueo-
logía, que es una mujer asomada a la cuna del hombre,
nos muestra que música, palabra y símbolo están entre
los hombres desde que se irguieron sobre sus dos pies,
alzaron sus brazos hacia un sol repentino o vieron una
estrella a medianoche.

Todos los poetas de verdad grandes han tenido algo
de visionarios y de músicos. Porque la poesía —cuando
roza las mayúsculas— no es sólo mirar con los ojos —esos
ilusionistas que necesitan gafas para ver— sino que nos

dice que hay algo misterioso, nuevo, inagotable llegando a cada cosa desde no sabemos qué región: «será soñar despierto», dijo don Luis Cernuda. Los seres no sólo se ven, sino que también se oyen. Cuando alguien pone el oído en tierra, oye su girar infinito. Cuando toca la corteza nudosa de una rama, oye el bullir de savia allá adentro.

Si eso le ocurre, entonces ese poeta podrá convencernos de que en verdad el mundo está naciendo a cada instante: nuevo, vigoroso, alegre, casi ciego como los ojos de un recién nacido que nos lleva a la vida con su manita pequeña.

Y aquí está el encanto de los villancicos: palabras que ruedan de boca en boca y se cantan alrededor del misterio de un portal. Nos llevan a la cuna –que quizá es un pesebre– de nosotros mismos. Y he dicho nosotros, y no sólo yo, porque los villancicos se cantan en corro, todos juntos. Es la misteriosa hermandad de unas voces que de pronto son blancas, aniñadas al son mismo del sol que nace. Las palabras, las melodías, vienen de muy lejos y han pasado por generaciones de almas y de labios antes de llegar a nuestra boca, antes de alzarnos al dolor o la alegría, antes de modular el grito.

En 1912 Rainer María Rilke hizo un largo viaje por España. Visitó Toledo, Madrid, Sevilla y acabó alojándose una temporada en un hotel de Ronda. Si va a Ronda, ese hotel tiene en sus jardines una estatua de Rilke que mira el paisaje de la ciudad andaluza. Parece que el viento, de un soplo, hubiera hecho el Tajo, que nubes y rocas vibran con un viento infinito que las mueve, como unas hojas en las ramas del mundo. Rilke oyó aquel viento con el canto y el llanto del nacer. Rilke oyó villancicos en la misa del gallo de una iglesia de Ronda. Y eso fue la señal: en esas canciones estaban, en germen, las *Elegías de Duino*, ese monumento del espíritu humano.

Algo tan elemental como un villancico es la llave que abre casi todos los cuartos. Se dice, o sea, se canta, porque la poesía lleva la música puesta y en ella vemos una estrella parada sobre un niño. Hay tres cofres de Reyes con oro, incienso y mirra. Y hay sueño, y hay gozo y alegría. A veces la alegría tarda mucho en llegar al corazón. Tarda justo un año: ¡Feliz Navidad! Generaciones enteras de poetas de ayer y de hoy nos lo repiten, por ver si nos enteramos: ¡¡Feliz Navidad!!

José Julio Cabanillas

9

Nota a la edición

En esta edición se reúnen villancicos de autores españoles e hispanoamericanos. Los villancicos llevan rodando siglos entre nosotros. Son una herencia viva y muy hermosa. La primera obra de teatro en castellano antiguo es el *Auto de los Reyes Magos*, y data del siglo XII. Como vemos, la cosa viene de antiguo. La gran ventaja de nuestra poesía es que siempre ha unido lo popular y lo culto. Por eso en esta antología encontramos autores desde la Edad Media hasta hoy mismo. Renacimiento, barroco, romanticismo, generaciones del 98 y el 27, generaciones de posguerra y las actuales... en todas estas etapas de nuestra poesía encontramos la flexibilidad expresiva de nuestra poesía popular. Incluso en las épocas más alambicadas de nuestra literatura encontramos el aroma fresco de ella, como una verde maceta de albahaca.

Los cantes flamencos fueron a América y volvieron; son los cantes de ida y vuelta. Algo así ha ocurrido con los villancicos. Ahí están los de Sor Juana Inés de la Cruz, en México. Ahí están las famosas Posadas que allí se componen para recordar la que sus coetáneos negaron al Niño. La poesía siempre ha sabido ser acogedora, hospitalaria, también en estos tiempos nuestros de pateras y cayucos.

Finalmente, debemos indicar que el único criterio de selección de los villancicos ha sido su hermosura. Si a alguno la hermosura le parece poco, que abra los ojos y escuche. No están todos los poetas que han escrito villancicos, pero sí son todos los que están.

VILLANCICOS

INVOCACIÓN A LA VIRGEN

¡OH, suma de nuestro bienes
y de todos nuestros males
fin y quito!
¡Oh, Virgen, que, virgen, tienes
apretado ya en pañales
a tu Hijo, Dios chiquito!

Porque solo amor te doma
con esta dulce porfía
llamo a ti:
ven, ya ven, la mi paloma;
ven, ya ven, amiga mía;
ven ya, ven, hermana, a mí;
ven ya ven, fuente sellada;
ven ya, ven, huerta ceñida;

ven, ya ven;
ven ya, ven, Virgen preñada;
ven ya, ven, Virgen parida,
reina de Jerusalén.

[VENIDA ES, VENIDA...]

VENIDA es, venida
al mundo la vida.
Venida es al suelo
la gracia del cielo,
a darnos consuelo
y gloria cumplida.

Nacido ha en Belén
el que es nuestro bien;
venido es en quien
por él fue acogida.

En un portalejo,
con pobre aparejo,
servido de un viejo,
se guarda escogida.

La piedra preciosa,
ni la fresca rosa,
no es tan hermosa
como la parida.

Venida es, venida
al mundo la vida.

COPLAS AL DESTIERRO
DE NUESTRO SEÑOR PARA EGIPTO

DESTERRADO parte el Niño,
      y llora.
Díjole su Madre así,
y llora:
Callad, mi Señor, agora.

¡Oh gran Rey de mis entrañas
cómo vais por las montañas,
huyendo a tierras extrañas
de la mano matadora!
Y llora:
Callad, mi Señor, agora.

¡Oh cómo van caminando,
temiendo y atrás mirando
la gente perseguidora!

Y llora:
Callad, mi Señor, agora.

A la Virgen sin mancilla
la verde palma se humilla
en señal de maravilla,
que es del cielo emperadora,
Y llora:
Callad, mi Señor, agora.

RO, RO, RO

Ro, ro, ro
Nuestro Dios y redentor,
¡no lloréis que dais dolor
a la Virgen que os parió!

Niño, hijo de Dios padre,
Padre de todas las cosas,
cesen las lágrimas vuesas:
no llorará vuestra madre,
pues sin dolor os parió:
Ro, ro, ro
¡No le deis vos pena, no!

¡Ora, niño: ro, ro, ro!
Nuestro Dios y redentor,
¡No lloréis que dais dolor
a la Virgen que os parió!
Ro, ro, ro

A LA SALUTACIÓN

Todo el mundo está esperando,
   Virgen santa, vuestro Sí:
no detengáis más ahí
al mensajero, dudando.

EN LA FESTIVIDAD DE LOS SANTOS REYES

Pues la estrella
es ya llegada,
vaya con los Reyes
la mi manada.
Vamos todas juntas
a ver el Mesías,
pues vemos cumplidas
ya las profecías.
Pues en nuestros días,
es ya llegada,
vaya con los Reyes
la mi manada.
Llevémosle dones
de grande valor,
pues vienen los Reyes,
con tan gran hervor.
Alégrese hoy

nuestra gran Zagala,
vaya con los Reyes
la mi manada.
No cures, Llorente,
de buscar razón,
para ver que es Dios
aqueste garzón.
Dale el corazón,
y yo esté empeñada:
vaya con los Reyes
la mi manada.

[*DEL VERBO DIVINO...*]

DEL Verbo divino
la Virgen preñada
viene de camino:

Si le dais posada.

Mi buen y dulce Jesús,
si amores me han de matar
agora tengan lugar.

ROMANCE

YA que era llegado el tiempo
en que de nacer había,
así como desposado
de su tálamo salía,
abrazado con su esposa,
que en sus brazos la traía,
al cual la graciosa Madre
en un pesebre ponía,
entre unos animales
que a la sazón allí había;
los hombres decían cantares,
los ángeles melodía,
festejando el desposorio
que entre tales dos había;
pero Dios en el pesebre
allí lloraba y gemía,
que eran joyas que la esposa

al desposorio traía;
y la Madre estaba en pasmo
de que tal trueque veía:
el llanto del hombre en Dios,
y en el hombre la alegría,
lo cual del uno y del otro
tan ajeno ser solía.

CAMINO DE BELÉN

CAMINAD, esposa,
Virgen singular,
Que los gallos cantan,
Cerca está el lugar.

Caminad, Señora,
bien de todo bien,
que antes de una hora
somos en Belén;
y allá muy bien
podréis reposar,
Que los gallos cantan,
Cerca está el lugar.

Yo, Señora, siento
que vais fatigada,
y siento tormento

por veros cansada;
pronto habrá posada
do podréis holgar,
Que los gallos cantan,
Cerca está el lugar.

AL NACIMIENTO DE CRISTO
NUESTRO SEÑOR

Caído se le ha un Clavel
hoy a la Aurora del seno:
¡qué glorioso que está el heno,
porque ha caído sobre él!

Cuando el silencio tenía
todas las cosas del suelo,
y, coronada del yelo,
reinaba la noche fría,
en medio la monarquía
de tiniebla tan cruel
caído se le ha un Clavel…

De un solo Clavel ceñida,
la Virgen, Aurora bella,
al mundo se lo dio, y ella
quedó cual antes florida;

a la púrpura caída
sólo fue el heno fiel.
Caído se le ha un Clavel…

El heno, pues, que fue dino,
a pesar de tantas nieves,
de ver en brazos tan leves
este rosicler divino
para su lecho fue lino,
oro para su dosel.
Caído se le ha un Clavel…

LA ENCARNACIÓN

Estaba María santa
contemplando la grandeza
de la que de Dios sería
madre santa y virgen bella.
El libro en la mano hermosa,
que escribieron los profetas
cuanto dicen de la Virgen
¡oh qué bien que lo contempla!
Madre de Dios y virgen entera,
madre de Dios, divina doncella.

Bajó del cielo un arcángel,
y haciéndole reverencia,
Dios te salve, le decía,
María, de gracia llena.
Admirada está la Virgen
cuando al Sí de su respuesta

tomó el Verbo carne humana,
y salió el sol de la estrella.
Madre de Dios y virgen entera,
Madre de Dios, divina doncella.

LOS CELOS DE SAN JOSÉ

AFLIGIDO está José
de ver su esposa preñada,
porque de tan gran misterio
no puede entender la causa.

Él llora, y la Virgen llora,
pero no le dice nada,
y admirado y pensativo
se determina a dejarla.

Mas advirtiéndole en sueños
el ángel, que es obra sacra
del Espíritu divino,
despierta, y vuelve a buscarla.

Con lágrimas de alegría
el divino Patriarca

abraza a la Virgen bella,
y ella llorando le abraza.

AL NACIMIENTO DEL SALVADOR

Campanitas de Belén,
tocad al alba, que sale
vertiendo divino aljófar
sobre el sol que de ella nace,
Que los ángeles tocan,
Tocan y tañen.

Que es Dios hombre sol
y el alba su madre:
din, din, din, que vino en fin,
don, don, don, San Salvador,
dan, dan, dan, que hoy nos lo dan,
Tocan y tañen a gloria en el cielo
y en la tierra tocan a paz.

En Belén tocan al alba
casi al primer arrebol,

porque della sale el sol
que de la noche nos salva.
Si las aves hacen salva
al alba del sol que ven,
Campanitas de Belén,
Tocad al alba, que sale…

Este sol se hiela y arde
de amor y frío en su Oriente,
para que la humana gente
el cielo sereno aguarde,
y aunque dicen que una tarde
se pondrá en Jerusalén,
Campanitas de Belén,
Tocad al alba, que sale…

AL NACIMIENTO DE CRISTO

Temblando estaba de frío
el mayor fuego del cielo.
En unas pajas humildes,
siendo el sol, se encoge al hielo.

La niña recién parida
mil parabienes oyendo
al niño, que llora, dice:
no más, mi dulce consuelo,

¡Ea, no más, mi Jesús,!
Pues que no puede ser menos.
Serenad, niño bendito,
el sol de esos ojos bellos.

Nueve meses hace hoy
que le dije al ángel vuestro

que era vuestra humilde esclava
y os hice humano aposento.

Bien sabíais, mi Rey,
que en aquellos pobres techos
las telas solas había
del corazón que os ofrezco.

Pero pues sois tan amigo
de pechos pobres, yo quiero
abrigaros en el mío,
daros el primer sustento.
Esto diciendo María,
sacó los virgíneos pechos
a cuyos cielos más limpios
se humillaron nueve cielos.

Abrió el niño Dios los labios
y quedó colgado de ellos,
como racimo de palma,
hasta que le vino el sueño.

Alma, si de ver a Dios
puesto de su madre al pecho,
no se te enternece el tuyo,
¿dónde está tu sentimiento?

Llora, sin temer que el niño
despierte a tu llanto tierno,
que al son de fuentes de llanto
duerme Dios con más contento.

Este niño y Dios, Antón,
que en Belén tiembla y suspira,
con unos ojuelos mira
que penetra el corazón.

Niño Dios, niño en Belén,
niño en brazos de María,
y tras esta niñería
no tiene el cielo más bien.

HOY SON FLORES Y ROSAS

Las pajas del pesebre
niño de Belén
hoy son flores y rosas,
mañana serán hiel.
Lloráis entre pajas,
del frío que tenéis,
hermoso niño mío,
y del calor también.
Dormid, Cordero santo;
mi vida, no lloréis;
que si os escucha el lobo,
vendrá por vos, mi bien.
Dormid entre pajas
que, aunque frías las veis,
hoy son flores y rosas,
mañana serán hiel.
Las que para abrigaros

tan blandas hoy se ven,
serán mañana espinas
en corona crüel.
Mas no quiero deciros,
aunque vos lo sabéis,
palabras de pesar
en días de placer;
que aunque tan grandes deudas
en pajas las cobréis,
hoy son flores y rosas,
mañana serán hiel.
Dejad el tierno llanto,
divino Emmanuel;
que perlas entre pajas
se pierden sin por qué.
No piense vuestra Madre
que ya Jerusalén
presiente sus dolores
y llora con José;
que aunque pajas no sean
corona para rey,
hoy son flores y rosas,
mañana serán hiel.

QUE SE DUERME MI NIÑO

Pues andáis en las palmas,
ángeles santos,
Que se duerme mi Niño,
Tened los ramos,
Palmas de Belén
que mueven, airados,
los furiosos vientos
que suenan tanto,
no le hagáis ruido,
corred más paso;
Que se duerme mi Niño,
Tened los ramos,
El Niño divino,
que está cansado
de llorar en la tierra
por su descanso,
sosegar quiere un poco

del tierno llanto;
Que se duerme mi Niño,
Tened los ramos,
Rigurosos hielos
le están cercando;
ya veis que no tengo
con qué guardarlo;
ángeles divinos,
que vais volando,
Que se duerme mi Niño,
Tened los ramos.

A LA ESTRELLA DE ORIENTE

Reyes que venís por ellas,
no busquéis estrellas ya,
porque donde el sol está
no tienen luz las estrellas.

Y pues por luces tan bellas
se manifiesta el Rey dellas,
yo apostaré que habéis visto
de estrella en estrella a Cristo,
Reyes que venís por ellas.

La estrella parada está,
con que del sol muestra da;
otra tenéis, otra os guía;
pues habéis visto a María,
No busquéis estrellas ya.

Del cielo las luces bellas
en sus ojos pueden vellas,
las demás son sus despojos
porque donde están sus ojos,
No tienen luz las estrellas.

FRANCISCO DE QUEVEDO

A NUESTRA SEÑORA EN SU NACIMIENTO

YA la oscura y negra noche,
llena de tristeza y miedo,
huye por las altas cumbres
y por los riscos siniestros.

Yo, con ser recién nacida,
de este mundo la destierro,
porque ya en mí reverberan
los rayos del sol inmenso.

Y aunque me miráis tan niña,
soy más antigua que el tiempo,
mucho más que las edades
y que los cuatro elementos.

Del principio fui criada,
que es el sumo Dios eterno,

y el primero lugar tuve
después del sagrado Verbo.

Infinitos siglos antes
que criara el firmamento,
ya él a mí me había criado
en mitad de aquel silencio.

Su primogénita dice
que soy el Santo y perfecto;
de su propia boca oí
este divino requiebro.
Porque fui el claustro cerrado
donde Dios tuvo aposento,
para que el género humano
saliese del cautiverio.

Haced fiesta, mis cofrades,
que el nombre de Antigua quiero;
estimadle y celebradle,
que yo os daré el justo premio.

LOS TRES REYES MAGOS

—Yo soy Gaspar. Aquí traigo el incienso.
Vengo a decir: La vida es pura y bella.
Existe Dios. El amor es inmenso.
¡Todo lo sé por la divina Estrella!

—Yo soy Melchor. Mi mirra aroma todo.
Existe Dios. Él es la luz del día.
La blanca flor tiene sus pies en lodo.
¡Y en el placer hay la melancolía!

—Yo soy Baltasar. Traigo el oro. Aseguro
que existe Dios. Él es el grande y fuerte.
Todo lo sé por el lucero puro
que brilla en la diadema de la Muerte.

—Gaspar, Melchor y Baltasar, callaos.
Triunfa el amor, y a su fiesta os convida.

Cristo resurge, hace la luz del caos
y tiene la corona de la Vida.

[*VIRGEN MADRE, ETERNO ENSUEÑO...*]

VIRGEN madre, eterno ensueño
de la inocencia perdida;
Virgen fe, madre del Padre
de la luz, que es fantasía.

Madre virgen, niñez santa
de una imposible alegría:
consuelo de haber nacido
para morir de caída.

Virgen madre, flor, el fruto
no te desflora, María,
ni hay más milagro, en tu vientre
el misterio de la vida.

DUERME, NIÑO, DUERME

Duerme, Niño, duerme y sueña
que es el sueño quien enseña
a soñar;

Duerme, Jesús, sueña y duerme,
no el corazón se enferme
de esperar.

Duerme, Niño de la bola,
la humanidad está sola
y sin luz;

Sueña, Manuel, nuestro sueño;
tu cuna está hecha del leño
de la cruz.

ROMANCE DE NOCHEBUENA

Vamos a buscar
dónde nació el Niño:
nació en todo el mundo,
ciudades, caminos…
Tal vez caminando
lo hallemos dormido
en la era más alta
debajo del trigo…
O está en estas horas
llorando caidito
en la mancha espesa
de un montón de lirios.
A Belén nos vamos.
Jesús no ha querido
estar derramado
por campo y caminos.
Su madre es María,

pero ha consentido
que esta noche todos
le mezan al Niño.
Lo tiene Lucía,
lo tiene Francisco
y mama en el pecho
de Juana, suavísimo.
Vamos a buscarlo
por estos caminos.
¡Todos en pastores
somos convertidos!
Gritando la nueva
los cerros subimos
¡y vivo parece
de gente el camino!
Jesús ha llegado
y todos dormimos
esta noche sobre
su pecho ceñidos.

ME TUVISTE

Duérmete, mi niño,
duérmete sonriendo,
que es la ronda de astros
quien te va meciendo.

Gozaste la luz
y fuiste feliz.
Todo bien tuviste
al tenerme a mí.

Duérmete, mi niño,
duérmete sonriendo,
que es la Tierra amante
quien te va meciendo.

Miraste la ardiente
rosa carmesí.

Estrechaste al mundo:
me estrechaste a mí.

Duérmete, mi niño,
duérmete sonriendo
que es Dios en la sombra
el que va meciendo.

VELLONCITO DE MI CARNE

Velloncito de mi carne,
que en mis entrañas tejí,
velloncito friolento,
¡duérmete apegado a mí!

La perdiz duerme en el trébol
escuchándole latir:
no te turben mis alientos.
¡Duérmete apegado a mí!

Hierbecita temblorosa
asombrada de vivir,
no te sueltes de mi pecho:
¡Duérmete apegado a mí!

Yo que todo lo he perdido
ahora tiemblo hasta al dormir.

No resbales de mi brazo:
¡Duérmete apegado a mí!

EL ESTABLO

Al llegar la medianoche
y al romper en llanto el Niño,
las cien bestias despertaron
y el establo se hizo vivo.
Y se fueron acercando,
y alargaron hasta el Niño
los cien cuellos anhelantes
como un bosque sacudido.
Bajó un buey su aliento al rostro
y se lo exhaló sin ruido,
y sus ojos fueron tiernos
como llenos de rocío.
Una oveja lo frotaba,
y las manos le lamían,
en cuclillas, dos cabritos...
Las paredes del establo
se cubrieron sin sentirlo

de faisanes, y de ocas,
y de gallos, y de mirlos.
Los faisanes descendieron
y pasaban sobre el Niño
la gran cola de colores;
y las ocas de anchos picos,
arreglábanle las pajas;
y el enjambre de los mirlos
era un velo palpitante
sobre el recién nacido…
Y la Virgen, entre cuernos
y resuellos blanquecinos,
trastocada iba y venía
sin poder tomar al Niño.
Y José llegaba riendo
a acudir a la sin tino.
Y era como bosque al viento
el establo conmovido.

BURRITO SANTO

BORRIQUILLO blando de la Virgen María,
manso borriquito que llevó a Jesús
con su santa madre que al Egipto huía
una noche negra sin astros ni luz.

¡Lindo borriquito de luciente lomo!
Hasta el niño mío te venera ya,
y dice, mirando tu imagen en cromo:
¿Es el de la Virgen que hacia Egipto va?

¡Dulce borriquito, todo mansedumbre!
Nunca a tus pupilas asomó el vislumbre
más fugaz y leve del orgullo atroz;

y eso que una noche sin luna ni estrellas
por largos caminos dejaste tus huellas,
llevando la carga sagrada de Dios.

PASTORCILLOS DE BELÉN
(fragmento)

—Traigo diez, veinte limones,
con blanca flor de azahar...

—Yo traigo del melonar
veinte maduros melones.

—Traigo diez, veinte limones,
traigo en ramas de hojas verdes
limones del limonar.

Cuando el ruiseñor se duerme
en el verde naranjal,
el aroma queda inerme.
No se vaya a despertar.

CANCIÓN AL NIÑO JESÚS

Sɪ la palmera pudiera
volverse tan niña, niña,
como cuando era una niña
con cintura de pulsera.
Para que el Niño la viera…

–Si la palmera tuviera
las patas del borriquillo,
las alas de Gabrielillo.
Para cuando el Niño quiera
correr, volar a su vera…

–Que no, que correr no quiere
el Niño,
que lo que quiere es dormirse
y es, capullito, cerrarse
para soñar con su madre.

Y lo sabe la palmera...

—Si la palmera supiera
que sus palmas algún día...
—Si la palmera supiera
por qué la Virgen María
la mira...
        Si ella tuviera...

–Si la palmera pudiera...
      —La palmera...

VILLANCICO

MARINEROS de la mar
llevan al Niño feliz
arbolitos de coral;
los otros, peces con sol
en vasijas de cristal.

Y el más joven de entre ellos,
los nácares escogidos,
brillantes los tornasoles,
por sus manos bien pulidos.

VILLANCICO

¿Qué lleva el borriquillo
en sus albardas?
Avellanas y nueces,
queso de cabra.

Porque va a Belén lleva
paso ligero.
Quiere que su regalo
sea el primero.

CONTEMPLACIÓN DE JOSÉ

¡Qué muro de silencio
te hizo piedra la vida!
Tu escoplo no atinaba
más que a sembrar esquirlas
y la sierra, en el suelo,
ociosa, se aburría.

Los meses pasaban.
En la fuente María
entre lenguas hirientes
serena, sonreía.
...
Aquel ángel de pronto
se hizo luz en tu sueño.

Ya todo fue distinto:
el pino y el enebro

cobraron nueva vida
en tus manos; lento
sin dudar, escogiste
el más fragante leño
y labraste una cuna
para tu Dios, inmenso.
Con tus manos callosas
la ibas esculpiendo.
«El espíritu sopla»,
va y viene como el viento.

SAN JOSÉ

Yo te vi mullendo el heno
para que no se enfriara,
porque no estuviste inmóvil
como una rígida estatua.
Eras hombre y eras tierno
¡y cómo te lastimaba
no poder dar más que amor
a quien el cielo te daba!

Iban entrando y saliendo
pastorcillos y zagalas
admirados y confusos;
sólo al Niño contemplaban.

Yo te vi mullendo el heno
para que no se enfriara.

VILLANCICO DE LAS ESTRELLAS ALTAS

LA Virgen María
se siente cansada;
San José la acuesta;
la Virgen descansa.
La techumbre rota;
las estrellas altas;
leguas, muchas leguas
llevan caminadas.
La Virgen María
está soleada
por dentro, su sangre
se convierte en savia,
su cuerpo florece
igual que una vara
de nardos o un ramo
de celindas blancas.
El Niño ha nacido

como nace el alba:
los ojos con risa,
la boca con lágrimas.
En el aire nieve;
en la nieve alas
y el viento que bate
puertas y ventanas.
La Virgen no tiene
rebozo ni manta;
san José la mira,
se quema mirándola;
entre la penumbra,
pidiendo posada,
la carne del Niño
desnuda se halla.
La nieve que cae,
pues del cielo baja,
va formando techo
para cobijarla.
La Virgen María
se siente cansada;
cuando mira al Niño
la Virgen descansa.

VILLANCICO QUE LLAMAN
DE LA ESPERA DE MARÍA

TE estoy esperando y no
sé por dónde a mí vendrás,
Señor.

Escucho al rayar el día
de la alondra el limpio canto.
Miro desgarrarse el manto
que envuelve a la noche umbría.
¿Te anuncia el nuevo fulgor?
¿Por dónde hasta mí vendrás,
Señor?

Muere el sol y lenta avanza
la sombra en rebaño denso.
Lo traerá una estrella, pienso,
recobrando la esperanza.
¿Será un celeste temblor?

¿Por dónde hasta mí vendrás,
Señor?

De la noche a la mañana
soñando, esperando, miro.
El pañuelo del suspiro
al aire de la ventana.
¿Cuándo llegarás, Amor?
¿Por dónde hasta mí vendrás,
Señor?

ORACIÓN PIDIENDO AL NIÑO DIOS

Si me dejaste pasar
a tu limpia mansión clara,
si abriste para que entrara
las puertas de par en par,
no me dejes escapar
de tu casa tan ligero,
Que en tus ojos prisionero,
Quedar, Niño mío, quiero.

No he de temer en cerrando
los ojos quedar a oscuras
pues sé cuántas luces puras
te están por dentro alumbrando.
Cierra ya, que estoy temblando
por ansia de lo que espero…
Y en tus ojos prisionero
Quedar, Niño mío, quiero.

¿Qué esperas más, Niño mío?
Sabes que desnudo llego;
llévame pronto hasta el fuego;
cierra, que está entrando frío.
Sólo en el calor confío
de tu santo resistero,
Que en tus ojos prisionero
Quedar, Niño mío, quiero.

ÁNGEL COMPAÑERO

—ÁNGEL, ya es de día.
Vuélvete a tu cielo.
—¡Oh, Señor! ¿Podría
dejarte en el suelo?

Jesús sonreía
oyéndole hablar.
¡Ya la cruz crecía,
pino en el pinar!

VILLANCICO QUE LLAMAN DE LA ARAÑA

TAMBIÉN la araña, también.

Mínima titiritera,
incansable lanzadera,
quiso venir a Belén.

Llegó…Y ya está su vaivén
columpiando la mirada
del Mesías…¡Qué asombrada
la atención del Niño Dios!

Bello juego entre los dos:
Quien lo es Todo y quien es nada.

EL PASTOR POBRE

—Mi aceite...
               —Mi queso...
—Yo, rubio panal...
—Yo harina.
               —Yo, vino.
—Yo, mi recental.

El pastor más pobre
se puso a cantar...
¡La mano del Niño
llevaba el compás!

VILLANCICO QUE LLAMAN
DE LA LAVANDERA

—¿Dime cómo es, lavandera?,
preguntaba la corriente...

—Espérate, río, espera
si quieres que te lo cuente.

—¡Ay, si esperarme pudiera!
¡ay, si pudiera tornar
y llevarme, lavandera,
su recuerdo hasta la mar!

VILLANCICO QUE LLAMAN DE LA MUERTE CAMINO DE BELÉN

También la muerte quería
ir hacia el portal...Miraba
con su mirada vacía
a la gente que pasaba.

Y llegó al santo lugar.

—José, cierra bien la puerta
–dice María– va a helar,
y me estoy quedando yerta.

Tiritó el Niño. Un revuelo
de ángeles cercó la cuna.
Vacío se quedó el cielo.
Sola, vagaba la luna.

—Aún es pronto, Muerte, espera
treinta y tres años cabales…

Y de nuevo los zagales
cantaban en la pradera.

DE CÓMO ENTRÓ POR LA VENTANA
EL PRIMER RAYO DE SOL

S I le preguntan diría
que no sabe nada,
                era
de Nazaret, quinceañera,
y se llamaba María.

Él calla a su lado y ve
la escarcha en el suelo,
                        era
carpintero de ribera
y se llamaba José.

Callan y el silencio junta
sueño, ventisca y asombro;
callan y él duerme en su hombro
tras de hacerle una pregunta.

Cuando el sol en el portal
entra y su luz reverbera,
ella le contesta:
                    —Era
como el sol por el cristal.

NANA

Duérmete, niño mío,
flor de mi sangre,
lucero custodiado,
luz caminante.

Si las sombras se alargan
sobre los árboles,
detrás de cada tronco
combate un ángel.

Si las estrellas bajan
para mirarte,
detrás de cada estrella
camina un ángel.

Si la nieve descansa
sobre tu carne,

detrás de cada copo
solloza un ángel.

Si viene el mar humilde
para besarte,
detrás de cada ola
relumbra un ángel.

¿Tendrá el sueño en tus ojos
sitio bastante?
Duerme, recién nacido,
pan de mi carne,

lucero custodiado,
luz caminante,
duerme, que calle el viento...
dile que calle.

VILLANCICO DE LA FALTA DE FE

La estrella es tan clara que
no todo el mundo la ve.

En el cielo hay una estrella
nueva y lentísima, es
la estrella de Dios que guía
hacia el portal de Belén.

Los Magos, como son magos,
vieron la estrella nacer;
los hombres, como son hombres,
la miran y no la ven.

Baltasar tiene la carne
morena como el almez;
Gaspar es viejo, tan viejo
que ha muerto más de una vez,

y Melchor es tan creyente,
tan iluminado, que
siempre que sus ojos miran
se ven sus ojos arder.

Pasan ciudades, ciudades
con calentura en la sien,
donde la estrella, que es niña,
se apaga para no ver.

Pasan desiertos, desiertos
como los hombres también,
y bosques que acaso nunca
volverán a florecer.

Pasan años y los hombres
siguen padeciendo sed,
la estrella sigue en el cielo,
sólo muy pocos la ven.

PRINCIPIO ETERNO

Por detrás de la gloria

P OR encima del tiempo,
más acá de los años,
puntual, nos sonríes
desde un niño descalzo.

Son dos leños desnudos
esa cuna de establo,
pero tú los levantas,
los conviertes en árbol.

En el niño que brilla
hay un hombre clavado;
por encima del tiempo
nos sonríes amargo.

LAS DESIERTAS ABARCAS

Por el cinco de enero,
cada enero ponía
mi calzado cabrero
a la ventana fría.

Y encontraba los días
que derriban las puertas,
mis abarcas vacías,
mis abarcas desiertas.

Nunca tuve zapatos,
ni trajes, ni palabras:
siempre tuve regatos,
siempre penas y cabras.

Me vistió la pobreza,
me lamió el cuerpo el río

y del pie a la cabeza
pasto fui del rocío.

Por el cinco de enero,
para el seis, yo quería
que fuera el mundo entero
una juguetería.

Y al andar la alborada
removiendo las huertas,
mis abarcas sin nada,
mis abarcas desiertas.

Ningún rey coronado
tuvo pie, tuvo gana
para ver el calzado
de mi pobre ventana.

Toda gente de trono,
toda gente de botas
se rio con encono
de mis abarcas rotas.

Rabié de llanto, hasta
cubrir de sal mi piel,
por un mundo de pasta
y unos hombres de miel.

Por el cinco de enero
de la majada mía
mi calzado cabrero
a la escarcha salía.

Y hacia el seis, mis miradas
hallaban en sus puertas
mis abarcas heladas,
mis abarcas desiertas.

LETRILLA NAVIDEÑA

ESTRELLA, ¿qué haces ahí
parada sobre el Portal?
¿Qué prodigio celestial
te tiene suspensa así?

Cuando todos los luceros
en niebla fría se velan
y corren, giran o vuelan
por los espacios ligeros
arrancando a sus senderos
chispas de argento y rubí,
estrella, ¿qué haces ahí
parada sobre el Portal?
¿Qué prodigio celestial
te tiene suspensa así?

QUE ES LA NOCHE DE REYES

Que es la noche de Reyes,
    duérmete pronto,
ya se oyen los caballos
bajo los chopos.

Duérmete, hijo, duerme;
cierra los ojos,
que si te ven despierto
por ser curioso,
tus zapatos, al alba,
estarán solos.

Duérmete, hijo, duerme;
cierra los ojos,
que están los Reyes Magos
bajo los chopos.

VILLANCICO

LLORAN los panderos
por la Navidad
porque en esta tierra
ya no hay caridad.

No de carne, sino
del barro de Adán
(antes de aquel soplo)
bajo su portal,
hay un niño. Llora
terco en su llorar,
hace veinte siglos
ya.

Un ángel de tierra
abre su volar
quebradizo y pliega

aquello de «Paz
en la tierra...» Pide
buena voluntad.
Pero nadie escucha
ya.

Pastores de arcilla
marchan al portal.
Pastores y hombres
unen su cantar,
que del barro vienen
y hacia el barro van,
barro que se quebra
rá.

QU'ES ESO QUE BRILLA

¿Qu'es eso que brilla
sobre la mejilla
del niño Emmanuel?
Dice el ángel: es rocío…;
La noche dice: es que el frío
le está exprimiendo un clavel.

¿qu'es eso que brilla
sobre la mejilla
del Hijo de Dios?
Dice el pastor: una perla.
Corre el zagal a cogerla,
y en ella se ven los dos.

¿Qu'es eso que brilla
Sobre la mejilla
Del sol de Yahvé?

La mula dice: una estrella...
Y el buey se retrata en ella
mientras sonríe José.

VILLANCICO

Caminito de Belén,
no hay posada para Él,
y un pesebre cuna es
donde el Niño va a nacer.

Ay, alahé.
Caminito de Belén
va la Virgen
Con José,
Alahé,
¿y no hay quién
casa y lumbre y pan les dé?
Alahé.
Ay, alahé, alahé,
Caminito de Belén.

Ay, alahé.
No hay posada para Él.

Alahé,
ni lugar donde yacer,
alahé

¡Ay, Gabriel
que mi niño va a nacer!
Alahé,
alahaé, alahé,
no hay posada para Él.

ESPIRITUAL NEGRO

—Negra, vente pa Belena.
—¿Pues qué pasa, Magalena?
—Pasa el carnaval de Río,
samba y frío;
pasa el Rey Don Baltasara,
chirimía y algasara
con nuestros primos del Congo,
mambo y bongo,
asándar de Tombutú.
—¿Qué me pongo?
Dime tú.
—Ponte la ropilla asú
con galón de prata antiga.
—Dime, amiga,
¿seré negra pa Jesú?
—¿No es lo tinto la hermosura?
Oscura es la Virgen pura

y el Niño de cañadú,
miel morena.
—Negra, vente pa Belena.

EL BURRITO PIDE POSADA

Si pudiera hablar mi lengua, si fuera tan orgulloso,
yo que apenas un burrito, perdido en la milpa, solo…

Hoy me han cargado una carga con un rosal y una rosa:
nunca tuviera mi lomo menos peso y más aroma.

Adelante iba José arreando yuntas de sombras,
atrás ángeles-espejos anticipaban la aurora.

Y arriba sobre mi espalda, luz de luz, rosa de rosa,
Dios escondido en la Virgen, hostia dentro en su custodia.

En la procesión nocturna mis patas eran las andas;
candeleros los maizales y el palio las nubes blancas.

Mi aliento era el incensario; mi hocico carbón en brasa.
Soy su servidor el burro que anduvo nueve jornadas.

Al filo de nieve y luna vengo pidiendo posada,
¿quién me renta una parcela para una Rosa en su Rama?

VILLANCICO DE LA ESPERA

—SÁBANAS blancas de hilo,
¿quién nos la emprestará?
—Ay, José, no las tendrá.

—Plumas para alar su sueño,
¿qué pájaro las dará?
—Ay, José, no las tendrá.

—Un cetro y una corona,
¿qué rey los querrá dejar?
—Ay, José, no los tendrá.

—Sin panderos ni rabeles,
la música, ¿quién la hará?
—Ay, José, no la tendrá.

—Agua clara para ti,
¿quién nos la calentará?
—Deja, José, ¿qué más da?

DESPUÉS DE SER CONCEBIDO

Después de ser concebido
en el seno de María,
¿quiso ignorar lo que había
desde lo eterno sabido?
¿Quiso hundir en el olvido
su alta condición primera?
Estaba escrito que fuera
hombre para padecer.
¿Tuvo acaso que aprender
a leer quien Verbo era?

DÉCIMA

San José, que no sabía
lo del sol por el cristal,
piensa cómo en un portal
podrá dar a luz María.
¿Y con qué se alumbraría
si no hay velas ni farol?
Pero ve que un arrebol
cambia la noche en aurora
y que, llegada la hora,
en el pesebre hace sol.

ROMANCE DE SAN JOSÉ

San José, barba de azúcar,
san José, vara de nardos,
¿y dejas que en un pesebre
se diga Misa del Gallo?
¿Adónde están los davides
con las arpas y los salmos?
¿Para qué, Santo bendito,
aprendiste a hacer milagros?
Echa a la noche del día
y a Herodes de su palacio,
y en el Portal de Belén
pon farolillos pintados,
si eres carpintero, haz
un lecho en un 2x4,
para que duerma María
con el niño entre los brazos.
Para llegar hasta Dios

arma escaleras de sándalo.
Y en un palomar de oro
pon al Espíritu Santo.

BELÉN

YA está Belén de Judá
lista para el Nacimiento,
ya están cantando su aliento
el buey con la mula, ya
todo acomodado está:
la estrella en el cielo ondea
su cola, y revolotea
 en la palmera más alta
un ángel. Ya sólo falta
que venga Dios y lo vea.

CUANDO LA FIESTA ACABÓ

Cundo la fiesta acabó,
José se durmió rendido
(y con el Reciennacido
la Virgen que lo parió).
Pero un ángel le avisó:
—No te fíes de la gente;
agarra la burra y vente
que el tiempo es contado y mengua,
pues se han ido de la lengua
los santos Reyes de Oriente.

El ángel dijo a José:
—Corre, que Herodes lo sabe.
(¿Qué sabe Herodes, qué cabe
en ojo que nada ve?).
—Corre, corre, mira que
te lo digo de verdad.

(Pero el rey…) —La realidad
se ha vestido de realeza.
(¡Sueño!) . —La Pasión empieza:
se acabó la Navidad.

VILLANCICO

Si de pobre no salió,
¿qué hizo Jesús con el oro?
¿En dónde enterró el tesoro
que Melchor le regaló?
Dicen algunos que no
lo tocó ni lo quería,
y que la Virgen María
decidió que lo tuviera
quien por él no se perdiera.
Y que allí está todavía.

EN LA PASCUA HELADA

En la Pascua helada
la rama florece;
florece la escarcha.
¿Oís? ¡Oíd!
Algo querrá decir.

¿Dice Dios la cifra
de plata, que ata
la muerte y la vida?
¿Oís? ¡Oíd!
Algo querrá decir.

Dice que en el túnel
del cero y el miedo
florece la escarcha.
¿Oís? ¡Oíd!
Algo querrá decir.

Dice: «la ventura
se encuentra en la hora
que nadie busca».
¿Oís? ¡Oíd!
Algo querrá decir.

Dice: «en la desgracia
del tronco podrido
florece la escarcha».
¿Oís? ¡Oíd!
Algo querrá decir.

Dice que esperemos,
«que vengo», que viene
el llanto del Verbo.

¿Oís? ¡Oíd!
Algo querrá decir.

Algo irá a decirnos
la escarcha que trina
y gorjea en el pino.
Algo querrá decir.

EL AGUADOR

—¡AGUA fresca! ¡regalada!
Ya no la puedo vender,
tendré que darla por nada.

Y es tonto gastar saliva,
porque ¿quién,
junto a un chorro de agua viva,
va a comprar mi agua en Belén?
¿Quién?

EL MAESTRO ALBAÑIL

—6 grietas y 3 goteras,
total, 9.
Por las grietas entra el frío.
Por las goteras rocío,
lluvia y nieve.

¡Trabajar a medianoche
con este tiempo! Mañana.
Hoy tapiaré esta ventana.
Pero no aguanto el reproche
de ese mirar que me acusa:
Mientras que la parturienta
sale o no sale de cuentas
haremos una chapuza.
¡Deprisa, las herramientas!

BALADILLA INGENUA
DE LOS ANIMALES DEL BELÉN

¿Qué quedará que no adore
al lucero de Belén,
quién?
¿Le cantarás algo,
gallo de la cresta roja, di?
—Kikirikí.
(También vosotros, también.
No alborotéis.
Ya lo sé.)
¿Qué le dices blanca oveja
al recién nacido, qué?
—Béeee…
¿Y qué manso buey tú?
—Múuuu…
Si quieres, cabra, que el Niño
algo te dé, pídele.
—Méeee…

Y nadie más. ¡Qué clamor!
Ya no, cerdo, di que callen.
Se durmió…
—Chitón, chitón…

CARLOS MURCIANO

VILLANCICO DEL PAVO REAL

EL pavo real
vestido de negro
llegó hasta el portal.

El niño lloraba.
La Virgen María
no lo consolaba
porque no podía.

«Hola, hola, hola».
Nadie respondía.
El pavo real
extendió la cola
con su pedrería,
su bella aureola
de luz y alegría.

«Hola, hola, hola».
Ya no parecía
la noche tan sola.

Y el Niño reía.

MARÍA APRENDE A LEER

Hoy nace el niño, y ayer
como quien dice, María
de Ana y Joaquín aprendía
poquito a poco a leer.
No alzaba un palmo del suelo,
y ahora es toda una mujer
y madre del Rey del Cielo.
De ese cielo en el que están
¡qué orgullo no sentirán
La abuelita y el abuelo!

[TODAS LAS PUERTAS ESTÁN...]

Todas las puertas están
cerradas a piedra y lodo,
pero dan con un Portal
sin candados ni cerrojos.

Las casas, que antes estaban
cerradas a cal y canto,
se abrieron de par en par
a ver qué estaba pasando.

Por trochas y por veredas
van al portal los curiosos,
y la noche, que era ya
cerrada, se abrió de pronto.

CAMINO REAL

CADA vez se alarga más
la sombra que va detrás
y son más cortos los días,
las noches siempre más frías,
pero el mundo aún gira en torno
de la Noche de Belén.

Ya está la masa en el horno
y el aceite en la sartén
y en un junco de ribera
se ensartan roscos de vino.

Tres reyes van en hilera
¡Milagro! Por buen camino.

NORIA DEL TIEMPO

Noria del tiempo que pasa,
ronda de las estaciones,
en las ruedas de vida
la arena de los relojes.

Cuánta marcha y contramarcha,
viaje y torna viaje,
y apenas hemos llegado
vuelta a hacer el equipaje.
La Nochebuena se queda,
y en ella el Niño Manuel
cada año nos recuerda
que un día fuimos como Él.

PONE EL ALMENDRO LA NIEVE

Pone el almendro la nieve
y hay por allí un carpintero
que simula con serrín
los caminitos de albero.

Los pastores, el rebaño,
los tres reyes con su ofrenda
y una estrella de leyenda
hecha de papel de estaño.
Hay además este año
una red ferroviaria
entre Belén y Samaria.

San José se ríe,
la Virgen también
y el Niño se asusta
cuando pasa el tren.

[TAN CHIQUITO ES...]

TAN chiquito es
que con medio beso
lo calentaré.

LA VISITA

Así de natural: me recogí en mi rezo
y un jarro de azucenas me retuvo en el sitio.

Y vino una paloma y una cinta de oro
me alcanzó desde ella y encendió mis sentidos.

Me oreó con su vuelo, y quedó todo el cuarto
suspenso en una paz que hizo crujir los quicios.

ANNUNZIATA

Tu mensajero vino y me habló brevemente:
déjame una quietud que siga a su recado.

Descalza en los umbrales de la aurora me tienes:
recogeré mi pelo y dispondré mi cuarto.

(Por el otero asoma tu ternura impaciente.
Te conozco a su luz. Date prisa. Te aguardo.)

EN EL PECHO

En el pecho traigo amores,
mi garganta fuego es.
¡Ay, José!

Que el niño se me ha movido
y bien me sé yo quién es.
¡Ay, José!

Ay, José:
están llamando a la puerta
y queda lejos Belén.

¡Mi José!

CLAUDIO RODRÍGUEZ

NANA DE LA VIRGEN MARÍA

Duérmete, Niño amante,
luz de mi sueño.
Duérmete sin cuidados
que yo te velo

Cuando caiga la noche
sobre el silencio,
se hará cojín de espumas
mi blanco pecho.

Cuando frías estrellas
nieven del cielo
será para tu carne
pañal mi beso.

Cuando sepan pastores…
Cuando el misterio…

¡Duérmete, Niño amante,
luz de mi sueño!

¿Por qué tienes los ojos
limpios y abiertos?…
Ya más no puedo darte…
Duerme, lucero.
Duérmete. Mira:
hosannas
dicen los vientos…
(Despacio…
Callad.
Despacio,
que está durmiendo…)

NAVIDAD. EPIFANÍA

NAVIDAD. Epifanía.
  La mula y el buey recelan
viendo pájaros que vuelan
sin esperar al Mesías.
(Se callan José y María.)
En este mundo amoral,
fantasmón y fantasmal,
no te fíes de los reyes,
de las mulas y los bueyes
si no son los del Portal.

VILLANCICO

DÓNDE estará la vieja
que cogía higos.
Y el niño que robaba
¿habrá crecido?

Y la pastora gorda
¿habrá parido?
¿Y el gañán de los bueyes
retinto y pío?

Y el hombre de los cántaros,
y el del borrico,
y los que pescan peces,
¿serán los mismos?

Del serrín de la caja
saco con mimo

la vieja con su caña
que coge higos,

y al niño que robaba
que no ha crecido,
y la pastora gorda,
que no ha parido,

y el gañán con los bueyes
todavía uncidos,
y a los que pescan siempre
en el mismo río.

Y todos son iguales
menos el Niño.

Otra vez le pregunto
de qué ha servido
que nazca pobre y sucio,
su Sacrificio,
si los hombres seguimos
siendo los mismos.

Y ha mirado a la Estrella
y ha sonreído.

[PASO YA DEL MEDIO SIGLO...]

Paso ya del medio siglo
y ahora mi alma comprende
que quien nació en un pesebre
bien puede hacerse en mí un sitio.

VILLANCICO

Los Reyes perdidos
buscando una estrella,
la dulce vereda
cercada de olivos
prolonga el camino
de los buscadores.

Promesa de albores,
espera el Dios niño.

El aire vestido
de olores de albahaca,
la risa de plata
sonando en el río.
Un cierto latido
confunde este miedo.

Tendido en el suelo
te espera el Dios niño.

DI QUE SÍ

Di que sí.
¿A quién se le iba a ocurrir?

¿Qué misterio de ternura
que quien todo puede acuda,
débil simiente de albura,
para depender de mí?

¿Se habrá visto algo tan grande:
cielo que habite un estanque,
el mar que se vuelve cauce,
jardinero que jazmín?

Es para volverse loca,
pide permiso y se asoma,
el Universo me roza
y es Dios que se nace en mí.

VILLANCICO

Los mármoles y las telas
no dejan que te veamos,
mi Niño,
          mas, ¿qué esperamos
encontrar, si no llevamos
tu luz en las entretelas?

MAÑANA DE EPIFANÍA

MI culpa otra vez pesa y mancha:
otro año el carbón merecido…

No sirve… Tendré que tirarlo…
De nuevo el carbón al olvido…

¡No! ¿Cómo olvidar el belén?
¿No puedo serle útil al niño?

Sí, aquí está el portal, con José,
María…y Jesús. Y hace frío.

Yo acerco el carbón a mi pecho:
mi amor arde allí arrepentido,

y ofrezco el calor de mi culpa
quemada, mi fuego contrito.

Los Reyes me miran, sonríen,
susurran: «Ya has comprendido».

Incienso, oro, mirra... y carbón
ardiendo en amor por el Niño.

[DESDE EL FONDO DEL ESPEJO...]

DESDE el fondo del espejo
me dice el recién nacido:
Tú te vas y yo regreso.
Somos el otro y el mismo.

SONETILLO DE LOS MAGOS DE ORIENTE

TRAS esta luz que destella
sobre el mar, hemos venido
a ver al Dios escondido
que en todo dejó su huella.

Sé que seguir a una estrella
no tiene mucho sentido.
Pero dicen que ha nacido
y nos guiamos por ella.

¿Dónde está esa Luz mendiga,
ese Amor, ese destino
donde aliviar la fatiga?

Ha de estar en el camino,
como está en el pan la espiga
y en el hombre lo divino.

VILLANCICOS PARA PERSEGUIDOS

Di si milagro no es
que decidan vivir juntos
un hombre y una mujer.

Que se quieran, y después,
por inocentes y raros,
alguien los quiera prender.

Por las cuestas de Belén,
en un borriquillo pardo,
van huyendo ella y él.

Di si milagro no es
que al comenzar el camino
fueran dos, y ya son tres.

JOSÉ MANUEL BENÍTEZ ARIZA

A UN RÍO PINTADO

De un escritor a un pintor

CRECE el río en la pared
y se desborda en los ojos.

Con papel de plata un día
yo también trazaba arroyos
sobre un país de cartón
con horizontes de corcho.

Son historias del invierno:
mientras tú pintas yo pongo
argumento a tu pintura
como un niño pone asombro
a las figuras inmóviles
en el belén silencioso.

Suena el río en la pared.
Yo lo miro y me emociono.

LOS CUENTOS QUE NO CREES

Los cuentos que no crees
son los más verdaderos;
muestran su simetría
bajo un cielo de cuento
y dan fe de otro mundo
más simple, como un sueño
de pastores que sueñan
ángeles mensajeros
o de reyes que siguen
la luz de un reverbero
en la noche infinita.

Dejaste de creerlos.
Y no por eso ahora
son menos verdaderos.

[SOMBRERO, CASA DE ENANOS...]

SOMBRERO, casa de enanos,
¿en qué momento crecí
 hasta exceder tu tamaño?

Tampoco me sienta bien
mi sombra, ese trapo negro
que me han cosido a los pies.

Mi infancia ¿dónde la dejo?
En una noche de Reyes
montada en un tren eléctrico.

El mundo es redondo y simple.
Gira Dios sobre sí mismo
hasta volverse invisible.

VILLANCICO DEL CANT(OR)

Hasta el portal de Belén
ha llegado un nuevo perro,
que salta y que ladra, pero
alguien dice: «cállate,
no ves que estás molestando
al que acaba de nacer».

Con el rabo entre las piernas
el perro casi se fue
cuando el Niño dice «¡guau!»
y va y dice san José:
«¡Que todo el mundo se calle!
¿No veis que al Niño le gusta
y que está hablando con él?».

VILLANCICO DE LA MOSCA

VA y le pasan estas cosas
a un humilde carpintero.

San José tenía la mosca
detrás de la oreja, pero
cuando la Virgen dio a luz
la mosca salió volando
para jugar con Jesús.

Y san José se quedó
de piedra cuando entendió
que aquel niño, que miraba
la mosca —cómo volaba—,
era Dios, el niño Dios.

FIGURITAS: EL PASTOR FIGURÓN

Era un pastor importante
al que trataban de don;
cabalgaba en una mula
de un negocio a otro mejor.

En el pueblo le decían:
—«Buenas tardes tenga usted».
Y él solo se codeaba
con los de Jerusalem.

Pero una noche de invierno
un ángel le señaló
el camino de la estrella,
y le entró la vocación.

—«Ya llamadme pastorcillo
y plantadme en el belén,

que, aunque de barro no corra,
miraré siempre hacia Él».

EL CAMELLO

El camello del rey Mago
era al principio un caballo;
pero andar por los desiertos
de noche tras un lucero,
pasar calor, pasar frío,
perderse por mil caminos
y no comer buena paja,
sin duda, le jorobaba…
Así que llegó al Belén
más camello que corcel.
Pero el Niño-Dios le emboba
y le hace más gracia que
los regalos que hace el rey.
El caballo, entonces, piensa
esta profunda sentencia:
«Si por Jesús me jorobo,
la joroba es mi tesoro».

Y se marchó, tan feliz,
con joroba por ahí.

TRES REYES

De oro trajo Melchor
una niña que traía
en su manita un limón.

De entre nubes de hondo incienso
surge, de golpe, Gaspar.
Con él un niño riendo.

Y de charol, Baltasar,
(asomado tras las dunas)
¡mirra, mirra!, ¿Qué traerá?

ÁNGEL MENDOZA

LAS TRES PREGUNTAS

DICEN que ha nacido un niño
para salvarnos a todos.
—¿Un niño para borrar
el miedo de nuestros ojos?
—¿Un niño para incendiar
la guarida de los ogros?
—¿Un niño para cegar
nuestro corazón de lobo?
(Y aunque es chico, llora –dicen–
para que no estemos solos.)

LOS REYES MAGOS Y EL INDECISO

TRES Reyes iban marchando
      detrás de una clara estrella
que levantaba su estela
desde sus reinos lejanos.
Iba un hombre mendigando
bajo el mismo cielo frío,
sus huellas por los caminos:
—«¿Le puedo llevar mis dudas?»
al encontrarles, pregunta.
—Vente a ofrecerlas al Niño.

LUTGARDO GARCÍA

VILLANCICO DE LAS ESPARRAGUERAS

Busqué en las esparragueras
como Dios lo hace en el mundo:
arrastrado, en lo profundo,
dejando espinas por fuera.

Aunque las manos se hieran
sabe bien donde buscar.

Vamos todos a cortar
los trigueros –que es diciembre–,
si no hay nadie que los siembre
ya vendrá un Niño a sembrar.

Y HA SIDO TAL FORTUNA

Bajo la luz de la luna,
sobre las sombras del suelo,
Dios ha cumplido su anhelo
de ser mecido en la cuna,
y ha sido tal la fortuna
que del llanto y el temblor
un niño ha hecho al candor
llave de todas las puertas,
y están ya todas abiertas
para que pase el amor.

ÍNDICE

Estos
Villancicos
salieron de la imprenta
el 2 de diciembre de
2024